A L A I N   S E R R E S

La poésie, ça commence tout petit

IMAGES DE JULIA CHAUSSON

RUE DU MONDE

Sur la table,
un petit pois qui a froid.

Le soleil frappe à la fenêtre,
une ombre vient de naître.

L'ombre reste cachée
derrière son petit pois,
elle a peur de la lumière.

Juste à côté d'elle,
blottie contre sa fraise,
une autre ombre
semble mal à l'aise.

Je mange la fraise,
d'un coup, sans respirer,
et l'ombre disparaît.

J'avale le petit pois
tout vert,
la table est propre
comme l'air !

Quand le soleil dessine
des ombres,
il ne sait jamais
qui va les dévorer.

Parfois, c'est moi
avec mes doigts…

Parfois, c'est la nuit
en faisant des bruits
étranges et gris.

Sur le rebord
de la fenêtre,
un oiseau
qui a chaud.

Il cherche de l'eau.

Je lui tends un verre,
mais il s'échappe
en battant des ailes
et va boire
le bleu du ciel.

Je bois
le verre d’eau.
Puis je bats des bras.

Je saute,
je saute, je saute,
mais je n'arrive pas
à m'envoler.

Je devrais peut-être
manger un nuage
pour devenir léger
comme une plume ?

CiEL

Comment faire
pour grimper si haut ?

Et où dorment
les ombres des oiseaux ?

Sur le banc
du square,
un chat
qui n'a ni chaud
ni froid.

Il est rouge et il est rond,
il ne miaule pas
pour ne pas réveiller
la vieille dame endormie.

Moi, je ris sans faire de bruit,
parce que je sais
qu'en vérité
ce n'est pas un chat !

C'est un pétale
de rose rouge.

Je le caresse, il est doux.
Avant, la vieille dame
avait un vrai chat.
Les fleurs aussi, ça meurt.

HOTEL

Le soleil, lui,
il fait tous les soirs
semblant de mourir.

Et hop ! le lendemain,
il brille encore !

Il dessine à nouveau
une ombre aux petits pois,
aux fraises,
à la grande plante
de la cuisine…

… aux arbres de la France,
de l'Espagne et de la Chine…

… et aux oiseaux
de toute la terre.

et les enfants aussi.

ça grandit,

La poésie,
ça commence tout petit,
et puis…

Parmi les 34 Petits Géants publiés :

PETITS GÉANTS

Un poisson d'avril
Boris Vian / Lionel Le Néouanic

Dans Paris, il y a...
Paul Eluard / Antonin Louchard

L'enfant qu'on envoie se coucher
Claude Roy / Beatrice Alemagna

Le clown
Roland Topor / Andrée Prigent

PETITS GÉANTS DU MONDE

Sous la lune poussent les haïkus • Japonais
Ryokan / Zaü

Léger comme un flocon • Inuit
Peuple inuit / Judith Gueyfier

Devinettes et caramboles • Vietnamien
Tran Dang Khoa / Vanessa Hié

Je ne suis plus un bébé • Hébreux
Yehonatan Geffen / Barroux

Ce livre est imprimé sur du papier Condat mat Périgord, issu de forêts gérées durablement, répondant aux normes suivantes : ECF (Elemental Chlorine Free), sans acide à longue durée de vie, conforme aux exigences européennes concernant la teneur en métaux lourds (98/638 CE), recyclable et biodégradable.

IMPRIM'VERT®

Achevé d'imprimer en février 2011
sur les presses de l'imprimerie Clerc à Saint-Amand-Montrond (18) - France
Dépôt légal : février 2011